AF337435

La Fin

du

Monde

PARIS | TOULOUSE
P. V. STOCK, ÉDITEUR | LIBRAIRIE L. SISTAC
27, rue de Richelieu. | Rue Saint-Etienne, 16.

1903

LA FIN DU MONDE

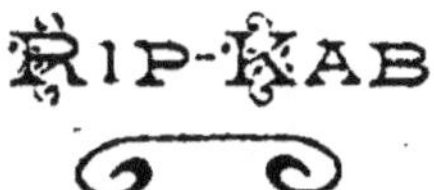

LA

FIN DU MONDE

LA FIN DU MONDE

I

A toute époque et chez tous les peuples, on a cru à la fin de ce que nous appelons **Le Temps**.

Le monde a eu un commencement et il aura une fin.

Pour nous chrétiens et catholiques, nous croyons que Dieu a créé le monde et tout ce qu'il renferme.

Nous croyons que la Providence de Dieu veille sur le monde et en dirige tous les événements.

Nous croyons que le monde finira et que tous les hommes au dernier jour seront jugés par Dieu.

Quelle sera la durée du **Temps**?

Quand le monde finira-t-il ?

Nul ne le sait !

Mais ce que nous ne pouvons mettre en doute, et ce que la Foi nous enseigne, c'est qu'à un moment « connu de Dieu seulement » la terre et le firmament seront détruits ou transformés ; c'est qu'à ce moment tous les êtres vivants subiront la mort et qu'ensuite aura lieu la résurrection de tous les hommes et le jugement dernier.

Ce jour du jugement dernier est un jour qui n'aura pas de fin.

Pendant toute l'éternité les justes auront présent ce grand jour de gloire où Dieu aura prononcé un arrêt de salut. De même les réprouvés entendront Dieu révélant à la face de toutes les nations la turpitude du pécheur et toute son ignominie ; ils auront éternellement la vue d'un Dieu offensé et d'un Dieu vengeur.

Saint Pierre nous fait connaître sur l'avènement du Fils de l'homme le langage des incrédules de son temps, langage que nous entendons encore tous les jours : « Qu'est devenue la promesse de son avène-« ment ? Car depuis que les pères sont dans le som-« meil de la mort, toutes choses demeurent au même « état qu'elles étaient au commencement du monde. » Mais il ajoute : « Les cieux et la terre d'à présent sont « gardés avec soin par la parole de Dieu, et sont

« réservés pour être brûlés par le feu, au jour du
« jugement (1). »

« C'est un des plus dangereux artifices du démon,
« que de faire oublier le jugement dernier, et le
« second avènement de Jésus-Christ; dès lors qu'on
« a perdu de vue cet objet, il n'y a plus de frein qui
« retienne : on ne craint plus Dieu ni les hom-
« mes (2). »

« La pensée du jugement dernier doit faire le sujet
« éternel de nos méditations », ainsi s'exprime Bour-
daloue.

Saint Jean-Chrysostôme, consacrait *tous les jours*
quelques instants à faire de sérieuses réflexions sur le
jugement dernier.

Le Patriarche des Cénobites, saint Antoine, dans
une lettre adressée au grand Constantin et à ses deux
fils leur recommande *de ne jamais perdre de vue le jugement dernier.*

Oui, nous ne devons pas perdre de vue le jugement
dernier, dès lors nous ne devons pas négliger de connaître les événements qui doivent le précéder.

(1) II, Pierre, III, 4, 7.
(2) De Sacy : *la Sainte Bible.*

Dans l'Evangile, Dieu nous fait connaître les signes précurseurs de son second avènement : « J'ai voulu
« vous en avertir auparavant (1). »

« Il y aura des signes dans le soleil, dans la lune
« et dans les étoiles : et sur la terre les nations seront
« dans l'abattement et la consternation, la mer fai-
« sant un bruit effroyable par l'agitation de ses flots;
« et les hommes sècheront de frayeur dans l'attente
« de ce qui doit arriver dans tout l'univers (2). »

Mais en même en temps Dieu nous dit :

« Prenez donc garde à vous, de peur que vos cœurs
« ne s'appesantissent par l'éxcès des viandes et du
« vin, et par les inquiétudes de cette vie, et que ce
« jour ne vienne tout d'un coup vous surprendre (3). »

« Et il arrivera à l'avènement du Fils de l'homme,
« ce qui arriva au temps de Noé. Car, comme les der-
« niers jours avant le déluge, les hommes mangeaient
« et buvaient, se mariaient et mariaient leurs enfants,
« jusqu'au jour où Noé entra dans l'arche, et qu'ils
« ne connurent le moment du déluge que lorsqu'il

---

(1) Mathieu, XXIV, 25 et suivants.
(2) Luc, XXI, 25, 26.
(3) Luc, XXI, 34.

« survint et emporta tout le monde ; ainsi arrivera-
« t-il à l'avènement du Fils de l'homme (1). »

« De même, lorsque vous verrez toutes ces choses,
« sachez que le royaume de Dieu est proche, et qu'il
« est à la porte. (2) ».

Quels que soient les signes qui doivent précéder
de très près la fin du monde, quelque extraordinaires
qu'ils puissent être de leur nature ou par leur multitude, il est certain que le plus grand nombre des habitants de la terre ne les regarderont pas comme les
avant-coureurs du dernier avènement du Fils de
l'homme. C'est de quoi il n'est pas permis de douter
d'après l'assurance que Jésus-Christ nous en donne,
lorsqu'il dit : « Prenez garde que ce jour ne vous
« vienne tout d'un coup surprendre, car il envelop-
« pera comme un filet tous ceux qui habitent sur la
« face de la terre (3). »

La raison de cette stupidité de la part des hommes,
et de leur insensibilité à la vue des signes dont ils seront témoins, c'est qu'ils ignoreront que ce sont là

(1) Mathieu, XXIV, 37, 38, 39.
(2) Mathieu, XXIV, 33.
(3) Luc, XXI, 34, 35.

les signes qui avaient été prédits, et qu'ils ne se seront
pas mis en peine de connaître les derniers temps qui
doivent précéder le dernier avènement du Fils de
l'homme.

II

On dit que la philosophie et la théologie s'opposent à la trop grande proximité du jugement dernier. Nous nous demandons pourquoi ? puisque nous entendons Dieu nous dire : **Veillez... Je vais venir bientôt... Le temps est proche... Voici le Seigneur qui vient sur les nuées...**

A chaque page des Livres Saints où il est parlé du second avènement de Jésus-Christ, nous lisons l'arrivée en **toute hâte** du Souverain Juge :

PSAUME XLIX, 3, 4.

« Dieu viendra manifestement; notre Dieu **vient** ;
« le feu s'enflammera en sa présence et une tempête
« violente l'environnera. »

ISAIE XIII, 6.

« Le jour du Seigneur **est proche**, le Tout-Puis-
« sant viendra pour tout perdre. »

ISAIE XXVI, 21.

« Le Seigneur **va sortir** du lieu où il réside, pour

« venger l'iniquité... et la terre ne cachera plus le
« sang qui y a été répandu. »

ISAIE XXXIV, 8, 9.

« Le jour du Seigneur **est venu**... Les torrents se
« changeront en poix, la poussière s'y changera en
« soufre et la terre deviendra une poix brûlante. »

ISAIE LXVI, 15.

« Le Seigneur **va paraître** dans les feux et son
« char va fondre comme la tempête, pour exercer sa
« vengeance au milieu des flammes. »

DANIEL, XII, 4, 5, 6, 7.

Daniel a jeté un coup d'œil prophétique sur la
fin du monde. Il décrit les derniers événements et
nous montre Michel le grand Prince, protégeant les
élus :

« Et j'entendis cet homme vêtu de lin, qui, élevant
« au ciel la main droite et la main gauche, jura par
« celui qui vit dans l'éternité que ce serait dans *un*
« *temps, deux temps et la moitié d'un temps*. Mais pour
« vous, Daniel, enfermez ces paroles et mettez le
« sceau sur ce livre, *pour le conserver* jusqu'au temps
« marqué ; plusieurs le parcourront, et la science *des*
« *vérités qui y sont renfermées se multipliera*. ».

SOPHONIE I, 14.

« Le jour du Seigneur **est proche, il est proche**
ce grand jour, il s'avance à grands pas ».

MALACHIE IV, I.

« Il viendra un jour de feu, semblable à une four-
« naise ardente et ce jour qui **va venir** embrasera
« ceux qui commettent l'impiété. »

MATHIEU, XXIV 14, 25, 27, 33, 42, 44.

« Cet évangile du royaume sera prêché dans toute
« la terre et c'est alors que **la fin doit arriver.** »

« J'ai voulu vous en avertir auparavant. »

« Comme **un éclair** qui sort de l'Orient paraît
« tout à coup jusqu'à l'Occident ; ainsi sera l'avène-
« ment du Fils de l'homme. »

« Sachez que le royaume de Dieu **est proche et**
« qu'il est à la porte. »

« **Veillez,** parce que vous ne savez pas à quelle
« heure votre Seigneur doit venir. »

« Le Fils de l'homme **viendra** à l'heure que vous
« ne pensez pas. »

LUC, XVII, 24.

« **Comme un éclair brille** et se fait voir depuis

« un côté du ciel jusqu'à l'autre, **ainsi paraîtra** le
« Fils de l'homme en son jour. »

II Thessaloniciens v, 2.

« Vous savez que le jour du Seigneur **doit venir**
« **comme un voleur de nuit.** »

Tite II, 13.

« Soyons **toujours** dans l'attente de la béatitude
« que nous espérons en l'avènement glorieux du
« grand Dieu, notre Sauveur Jésus-Christ. »

II Pierre III, 12, 13.

« Votre vie doit être sainte, attendant et comme
« **hâtant** par vos désirs l'avènement du jour du Sei-
« gneur, car nous attendons selon sa promesse de
« nouveaux cieux et une nouvelle terre. »

Jude, 15.

« Voilà le Seigneur **qui vient** avec une multitude
« innombrable de ses Saints. »

Apocalypse XXII, 17.

« L'Esprit et l'Epouse disent : **Venez.** Que celui
« qui entend, dise : **Venez.** »

Interrogé par ses disciples sur l'époque de la fin du
monde, Jésus leur répond: « Ce n'est pas à vous de

« savoir les temps et les moments que le Père a ré-
« servés à son pouvoir (1) ». Par ces mots, « ce n'est
« pas à vous », le divin Maître leur fait comprendre
qu'ils n'ont aucun intérêt à connaître ce qu'ils demandent, et il ne veut pas satisfaire leur curiosité.

Mais lorsqu'il veut faire connaître le jour de son
second avènement, c'est à son disciple bien-aimé, à
saint Jean, que Dieu dit : **« Le temps est proche (2) »**, puis il lui découvre les événements qui
doivent se succéder jusqu'à la fin des temps, et le
Seigneur clot ces révélations par ces mots : **« Je vais
venir bientôt.** *Amen* **(3) »**. Et saint Jean ajoute :
« Venez, Seigneur-Jésus », tant il a **hâte** de voir
l'avènement du Jour du Seigneur.

(1) Actes I, 7.
(2) Apoc. I, 3.
(3) Apoc. XXII, 20.

La Durée du Monde

DIVISÉE EN 6 PÉRIODES DE 1.000 ANS CHACUNE

III

D'après nos observations, nous disons qu'il y a probabilité de la Fin du monde, vers l'an 2,000 de notre ère. Un siècle nous séparerait alors de ce **Grand Jour du Seigneur.** Ce temps est peu de chose relativement aux innombrables et épouvantables événements qui doivent le précéder.

Nos enfants et les enfants de nos enfants seraient alors appelés à voir les temps qui précèderont immédiatement l'avenue du Souverain Juge et plusieurs d'entre eux se trouveraient vivre à ce terrible moment.

Nous allons indiquer les divers faits qui servent de base à notre croyance.

*
* *

« Le Seigneur a fait en six jours le ciel, la terre et
« la mer, et tout ce qui y est renfermé, et il s'est re-
« posé le septième jour (1) ».

« Aux yeux du Seigneur, un jour est comme
« mille ans et mille ans comme un jour (2) ».

Le monde créé par Dieu en 6 jours vivra 6 jours ou 6,000 ans ; Dieu s'est reposé le 7me jour, le monde entrera dans le repos éternel le 7me jour, au commencement du 7me millième, vers l'an 2,000.

Les nombres 6 et 7 sont consignés dans la plupart des grands événements décrits dans l'Ancien et le Nouveau Testament. « Ils sont ordonnés dans la
« pensée du Seigneur et comme scellés dans ses tré-
« sors (3) ».

Le nombre 7 signale presque toujours un temps de bénédiction, d'allégresse ou de repos, il est l' « Al-

---

(1) Exode XX, 2.
(2) II, Pierre, III, 8.
(3) Deuter. XXXII, 34.

pha et l'Oméga » le commencement de l'éternité et la fin du monde.

* * *

Création du Monde.

« Au commencement Dieu créa le ciel et la « terre (1). »

* * *

Enlèvement d'Hénoch.

« Hénoch marcha avec Dieu, et il ne parut plus, « parce que Dieu l'enleva (2). »

« Hénoch a plu à Dieu, il a été transféré dans le « paradis pour faire entrer les nations dans la péni- « tence (3). »

Hénoch est le 7me des premiers Patriarches.

Saint Augustin et les autres Pères croient que Dieu

---

(1) Genèse I, 1.
(2) Gen. V, 24.
(3) Eccle. XLIV, 16.

le conserve d'une manière miraculeuse pour l'opposer
à la fureur de l'Antéchrist.

Saint Jérôme dit que saint Jude a écrit, citant
l'extrait d'un ouvrage paru de son temps : « Hénoch
« a prophétisé ainsi » : « Voilà le Seigneur qui va
« venir avec une multitude innombrable de ses saints,
« pour exercer son jugement sur tous les hommes. »

TROISIÈME MILLIÈME (2083)

Vocation d'Abraham.
Formation du Peuple Juif.

« Je ferai sortir de vous un grand peuple... et
« tous les peuples de la terre seront bénis en
« vous (1). »

QUATRIÈME MILLIÈME (3001)

Fondation du Temple de Jérusalem.
Enlèvement d'Elie (3104).

« La maison du Seigneur fut entièrement achevée
« et Salomon fut 7 ans à la bâtir (2). »

---

(1) Gen. XII, 2, 3.
(2) III, Rois VI, 38.

« Dieu choisit Salomon afin qu'il bâtît une maison
« au nom du Seigneur et qu'il préparât un sanctuaire
« éternel (1). »

« Élie monta au Ciel au milieu d'une tem-
« pête (2). »

CINQUIÈME MILLIÈME (4000).

Naissance de Jésus-Christ.

« Marie enfanta son Fils premier né (3). »

SIXIÈME MILLIÈME

La Puissance des Papes (vers 1,050 de J.-C.).

Les Papes brisent les chaînes que le despotisme
impérial leur avait imposées.

La nomination des Papes est retirée aux empereurs
et réservée aux Cardinaux.

----

(1) Eccl. XLVII, 15.
(2) IV, Rois II, 11.
(3) Luc II, 7.

Le droit d'investiture est retiré aux princes.

La Papauté voit enfin tous les peuples soumis à sa puissance. Le premier concile de Latran (1,123) sanctionne l'indépendance de l'Église et de la Papauté en face de l'ambition des rois.

IV

La Fin du Temps

Nous croyons que, vers la fin du 6me millième ou dès le commencement du 7me millième, aura lieu la fin du Monde.

Il est une tradition des plus respectables, parceque'elle a été adoptée en général par les premiers Pères de l'Eglise, laquelle fixe au monde une durée de 6,000 ans : 2,000 ans sous la loi de nature ; 2,000 ans sous la loi mosaïque et, 2,000 ans, sous la loi évangélique.

L'apôtre saint Barnabé a écrit (1) : « Nous lisons

---

(1) Epître attribuée à saint Barnabé et que Dom Luc d'Archery, savant bénédictin, a publiée en 1645. Saint Barnabé s'appela d'abord José, mais les apôtres changèrent son nom en celui de Barnabé, qui signifie *fils de Prophète*.

« que Dieu a créé le monde en 6 jours et qu'il
« s'est reposé le 7me, consacrant ainsi et sanctifiant
« le Sabbat. Considérez, mes frères, le sens pro-
« fond de cette parole. Un jour équivaut à 1,000
« ans devant le Seigneur ; c'est lui-même qui nous
« l'atteste par la bouche du Prophète. Si donc le Sei-
« gneur a tout fait pour la première fois en 6 jours,
« il consommera son œuvre en 6,000 ans ; et se
« reposera le 7me jour, quand le Fils de l'homme
« viendra juger les impies, détruire le règne de Satan
« et transformer le Soleil, la Lune et les astres. »

*
* *

C'est vers l'an 2000 depuis l'avènement de Jésus-
Christ, que les prédictions sur la fin des temps, décrites
dans Isaïe, Ezéchiel, Osée, Joel, Daniel, Malachie,
les Evangélistes et l'Apocalypse, auront leur accomplissement.

Nous lisons dans l'Apocalypse : « C'est ici la
« sagesse. Que celui qui a de l'intelligence compte
« le nombre de la bête ; car c'est un nombre d'homme
« et son nombre est six cent soixante-six (1). »

____

(1) Apoc. XIII, 18.

« Ce nombre 666 désigne expressément dans
« l'Apocalypse la durée de l'idolâtrie depuis les temps
« qui précédèrent immédiatement l'avenue du Sau-
« veur, sous Auguste, jusqu'à la destruction absolue,
« irrévocable, de cette idolâtrie dans l'univers
« connu (1). »

Retenons ce nombre 666 et poursuivons : « Un
« ange prit le dragon, l'antique serpent, qui est le
« diable ou Satan, et l'enchaîna pour un peu de
« temps... Après que les mille ans seront accom-
« plis, Satan sera délié de sa prison; il sortira, sé-
« duira les nations qui sont aux quatre coins de la
« terre (2). »

Si nous ajoutons au nombre 666 les 1000 ans que
Satan reste enchaîné, nous arrivons ainsi à ce temps
où Satan délié doit séduire les nations, c'est-à-dire
vers le commencement du XVIIIme siècle, siècle de
scepticisme qui nous conduit au socialisme du
XIXme siècle et qui nous promet un bouleversement
général pour le XXme siècle qui commence.

(1) L'abbé Salvan, Apoc.
(2) Apoc. XX, 2, 3, 7.

*
* *

« C'est l'état où les enfants d'Israël seront pendant
« un long temps, sans roi, sans prince, sans sacrifice,
« sans autel, sans éphod et sans theraphins (1). »

Saint Augustin dit qu'il n'y a rien de plus clair
que cette prophétie d'Osée pour marquer expressément la conversion des Juifs à la fin du monde.

Dans l'alphabet des Juifs, toutes les lettres sont
numérales et les Juifs font habituellement usage de
ces valeurs pour dater.

Ce long temps, marqué par Dieu, ne pourrions-
nous pas en connaître la durée exacte dans la valeur
numérique des lettres de ce verset à la manière des
Juifs ?

La prophétie d'Osée commence par ces trois mots
Dies multos sedebunt. La valeur numérique des lettres
de ces trois mots formant le nombre 1790, d'où on
peut conclure que les enfants d'Israël doivent rester
sans roi et sans princes pendant 1790 ans.

La destruction de Jérusalem est arrivée en l'an 70.
Si nous comptons à partir de cette époque les 1790 ans,

______

(1) Osée III, 4.

nous arrivons ainsi vers la fin du XIXme siècle fixé pour le commencement des événements qui doivent précéder la fin des temps et la conversion des Juifs.

***

Commentant le chapitre VII du prophète Daniel, plusieurs auteurs croient reconnaitre dans la puissance de « la petite corne qui sortait au milieu des autres » l'empire antichrétien, fondé par Mahomet. Rien, en effet, n'était plus petit, ni plus méprisable que Mahomet lorsqu'il commença à jeter les fondements de son empire.

Après s'être élevé et devenu très puissant, l'empire Ottoman a perdu de sa force, on dirait même qu'il est sur le point de disparaitre, mais par les influences de Satan, il deviendrait l'ennemi le plus redoutable qu'aurait l'Eglise lors de la dernière persécution générale, à la fin des temps.

« La puissance de cet empire aura une durée d'un « temps, deux temps et la moitié d'un temps », c'est-à-dire trois ans et demi. En prenant ces *trois temps et demi* ou ces *trois ans et demi* dans le sens le plus étendu qu'il soit permis de leur donner, c'est-à-dire en prenant pour *des temps dont les jours sont des années* (1), il nous représentent une durée d'environ 1,300 années, laquelle durée ayant commencé à la prise de Jérusalem par les Mahométans, vers l'an 637 de Jésus-Christ, devrait durer jusque vers le milieu du XXme siècle.

Alors commencerait la grande et dernière persécution dans le monde entier ; puis s'opèrerait la ruine entière de l'empire antichrétien, ainsi que celle de l'Antéchrist dont Mahomet avait été le prédécesseur et l'image. Après quoi, comme nous le marque Daniel en finissant sa prophétie, se tiendra le *Jugement dernier*, et commencera le *Royaume* dans lequel Dieu doit habiter avec ses saints pendant l'éternité.

Il est à remarquer que l'Empire antichrétien de Mahomet a commencé au moment de la destruction de l'idolâtrie dans l'univers connu ; c'est que le Mahométisme, sous une forme nouvelle, est la continuation de cette même idolâtrie qui ne peut être anéantie que par la venue du règne du Christ.

____

(1) C'est de quoi l'Ecriture nous fournit des exemples (Ezechiel ch. IV, v. 6). Vous prendrez sur vous l'iniquité de la maison de Juda pendant quarante jours : c'est un jour que je vous donne pour chaque année.

Nous ajoutons suivant l'opinion de quelques auteurs : l'Antéchrist pourrait bien sortir de la race de Mahomet, et pour concilier leur dire avec l'opinion générale qui fait sortir l'Antéchrist de la race juive, ils disent que l'Antéchrist appartiendra à la race juive par son père et à la race mahométane par sa mère.

V

Sous le nom de Sœur Nativité, vivait à la fin du XVIIIme siècle, en Bretagne, une pieuse religieuse, dont les révélations ont été publiées par différents auteurs, en 1818, 1819, 1821, 1822.

Dans une édition de 1818 publiée à Augsbourg, nous lisons : « Dieu me fait voir la malice de Lucifer, « et l'intention diabolique et perverse de ses suppôts « contre la sainte Eglise de Jésus-Christ. A l'ordre « de leur Chef, ces méchants ont parcouru la terre « comme des forcenés, à dessein de préparer les voies « et les sentiers à l'Antéchrist, **dont le règne ap-** « **proche.** Par le souffle corrompu de cet esprit su- « perbe, ils ont empoisonné les hommes, comme « autant de pestiférés se sont communiqué leur « mal les uns aux autres, et la contagion est devenue « générale. »

. Edition de 1821 : « *Voici ce que Dieu voulut me* « *faire voir dans sa lumière ; je vis dans cette lumière* « *de Dieu que dans le siècle 1800 le jugement géné-*

« ral n'y était pas. Mais à la faveur de cette même
« lumière, je considérai le siècle 1900 jusque vers la
« fin. Alors Jésus-Christ me fit connaître et en même
« temps me mit en doute si ce serait à la fin de 1900
« ou dans celui de 2000 ; mais ce que j'ai vu, c'est
« que si le Jugement arrive dans le siècle 1900, ce
« ne sera que vers la fin, et que s'il passe ce siècle,
« celui de 2000 ne passera pas sans qu'il arrive. »

VI

Dans son « Traité sur la vraie Dévotion à la Sainte-Vierge » le Bienheureux Grignon de Montfort, missionnaire apostolique en France, mort en 1716, parle spécialement de l'influence qu'aura la dévotion à Marie pour le salut du monde, à la fin des temps.

Commentant ces paroles du psalmiste (Ps. XLIV, 14). « Les filles de Tyr viendront avec leurs présents ; « tous les riches d'entre le peuple vous offriront leurs « humbles prières », il fait une allusion directe à la proximité des derniers temps. « Tous les riches du « peuple, dit-il, supplieront votre « visage » de siècles « en siècles, et particulièrement **à la fin du monde,** « c'est-à-dire que les plus grands saints, les âmes les « plus riches en grâces et en vertus seront les plus « assidues à prier la Très Sainte-Vierge et à l'avoir « toujours présente, comme leur parfait modèle, pour « l'imiter, et leur aide puissante pour les secourir.

« J'ai dit que cela arriverait particulièrement à la « fin du monde, et **bientôt.** »

C'est bien là ce que nous voyons aujourd'hui. Une

puissance invisible porte les âmes d'élite à honorer Marie d'un culte public plus parfait, et qui tend à entraîner les timides et les incroyants à se jeter dans les bras de Celle qui doit être pour eux une *aide puissante pour les secourir.*

L'apparition de la Très Sainte-Vierge à Lourdes, est comme l'apothéose du triomphe de Marie sur la terre. Les sanctuaires les plus célèbres pour la dévotion à la Très Sainte-Vierge, Lorette et Sainte-Marie-Majeure, n'ont jamais été les témoins des innombrables prodiges qui s'accomplissent à la grotte de Massabielle. De toutes les parties du monde, Lourdes voit affluer Catholiques, Protestants, Schismatiques, Musulmans, Juifs, et tous s'en retournent, sinon guéris ou convertis, mais ébranlés, troublés et saisis d'une émotion qui les porte, souvent malgré eux, à prononcer ce doux nom de Marie.

Oui, nous voyons là un signe de la fin des temps.

Le démon a vaincu l'humanité dans nos premiers parents, et c'est par Marie que l'Antéchrist sera vaincu!

Comme couronnement à cette grande manifestation, l'Église, par la voix du Souverain-Pontife, ne peut tarder, répondant au désir de ses enfants, de proclamer le dogme de l'assomption du *corps réuni à l'âme* de la Glorieuse Vierge-Marie.

VII

Dans le monde religieux il s'accrédite une croyance qui est : que Dieu a réservé pour la fin des temps la plénitude du culte au Sacré-Cœur de son Fils.

Dans un sermon prêché par le Supérieur d'une communauté religieuse, nous avons retenu : Saint Antoine de Padoue (XIIme siècle) *assure* que la dévotion au Sacré-Cœur précèdera de *très près* la fin des temps.

Nous lisons dans un ouvrage imprimé à Lyon en 1691 : Dieu a fait connaitre à sainte Gertrude (XIVe siècle) la dévotion au Sacré-Cœur, pour être *particulièrement réservée* pour la fin des temps.

Dans une apparition de Notre-Seigneur à la bienheureuse Marguerite-Marie, le 2 juillet 1688, il donne mission à la Visitation d'établir par toute la terre le règne du divin Cœur.

Comme nous l'avons vu plus haut, page 12, Daniel interrogeant l'ange qui lui annonçait la fin des temps, demanda « qu'en sera-ce que l'accomplissement », et l'ange lui répondit : « que ce serait dans « un temps, deux temps et la moitié d'un temps. »

Si nous donnons une durée d'un siècle à chacun de ces temps nous aurons une durée de 350 ans. Dès lors, si nous ajoutons ces 350 ans à la date de 1688, nous arrivons en l'an 2038, et, en cette même année, la fête de Pâques tombe le 25 avril.

Voici une vieille prédiction qui fixe la fin du monde pour un jour à venir où la fête de Pâques tombera le 25 avril :

> Quand Georges Dieu crucifiera,
> Que Marc le ressuscitera,
> Et que Saint-Jean le portera,
> **La fin du monde arrivera.**

VIII

Examinons maintenant la Prophétie des Papes attribuée à saint Malachie, laquelle fixe la fin du monde vers la fin du XXme siècle ou le commencement du XXIme siècle.

Cette prophétie a soulevé bien des critiques, mais elle a passé par neuf siècles, et plus nous approchons de la fin des temps, plus elle s'éclaircit et paraît lumineuse.

On a mis en doute que cette prédiction fût de saint Malachie, certains auteurs disent qu'elle a été fabriquée dans le Conclave de 1590, par les partisans du cardinal Simoncelli. Quoiqu'il en soit elle existe, et, qu'elle date de 1143 ou de 1590, elle n'en a pas moins sa valeur pour les temps présents et les temps à venir.

Le Père Carrières des Frères Mineurs qui vivait à la fin du XVIIme siècle, est, croyons-nous le premier écrivain qui ait critiqué l'authenticité de cette Prophétie; mais c'est le Jésuite Menestrier, qui en 1689 a été le plus ardent détracteur de la dite prophétie. C'est lui qui a écrit que : « Ces prétendues prophéties sont « l'ouvrage d'un partisan du cardinal Simoncelli. » Il critique avec toutes les ressources de son érudition la prophétie, mais tous ses arguments ne sont que de simples hypothèses.

D'autres écrivains ont adopté une partie de ses dires, mais il ne les ont soutenus que très mollement.

Bien avant eux et vers la fin du seizième siècle, un célèbre Bénédictin, Arnold de Wion, dans un ouvrage publié en 1595, assure avoir vu un manuscrit de la prophétie, qu'il croit datée de l'époque où vivait saint Malachie. Dans le même ouvrage se trouvent les commentaires sur les légendes des Papes, par le célèbre dominicain Ciacconius.

Cornelius a Lapide, jésuite et grand théologien mort en 1637, considérait la Prophétie des Papes par saint Malachie comme venant d'une inspiration divine et marquant ainsi, par une vue prophétique, la durée du monde par le nombre des Papes à venir.

Saint Malachie mourut à Clairvaux, le 2 novembre 1148. Il avait prédit le jour et l'heure de sa mort.

Voici les devises des dix derniers Papes :

1740-1758. BENOIT XIV

> *Animal rurale.*
> L'animal de la campagne.

1758-1769. CLÉMENT XIII

> *Rosa Umbriæ.*
> La Rose de Toscane.

1769-1774. CLÉMENT XIV

> *Visus velox vel ursus velox.*
> La vue perçante, ou l'ours léger.

1775-1799. PIE VI

> *Peregrinus apostolicus.*
> Le pèlerin apostolique.

1800-1823. PIE VII

> *Aquila rapax.*
> L'aigle ravissant.

1823-1829. LÉON XII

> *Canis et coluber.*
> Le Chien et le Serpent.

1829-1830. PIE VIII

> *Vir religiosus.*
> L'homme religieux.

1831-1846. GRÉGOIRE XVI
>   *De balneis Etruriæ.*
>   Des bains de la Toscane.

1846-1878. PIE IX
>   *Crux de cruce.*
>   La Croix de la Croix.

1878.-19... LÉON XIII
>   *Lumen in celo,*
>   La lumière dans le Ciel.

Voici les devises des dix Papes à venir :

1. *Ignis ardens.*
   Le feu ardent.

2. *Religio depopulata.*
   La Religion dépeuplée.

3. *Fides intrepida.*
   La Foi intrépide.

4. *Pastor angelicus.*
   Pasteur angélique.

5. *Pastor et nauta.*
   Pasteur et marinier.

6. *Flos florum.*
La fleur des fleurs.

7. *De medietate lunæ.*
De la moitié de la lune.

8. *De labore solis.*
Du travail du soleil.

9. *De glorià olivæ.*
De la gloire de l'olive.

10. « In persecutione extremâ romanæ
« Ecclesiæ sedebit Petrus romanus, qui pascet et oves
« in multis tribulationibus, quibus transactis, civitas
« septicollis dirvetur, et Judex tremendus judicabit
« populum ;

« Dans la dernière persécution de la Sainte-Eglise
« romaine, il y aura un Pierre romain élevé au pon-
« tificat : Celui-là paîtra les ouailles dans de grandes
« tribulations ; et ce temps malheureux étant passé,
« la ville aux sept collines sera détruite, et le Juge
« redoutable jugera le monde. »

.

La durée moyenne du règne des Papes est de 7 ans,
mais en raison de la durée extraordinaire des deux

derniers Papes, Pie IX et Léon XIII, en donnant une durée moyenne de dix à douze ans, aux dix Papes à venir, nous arrivons ainsi, vers la fin du siècle actuel ou le commencement du XXIme siècle.

N'y aurait-il pas un rapprochement à faire entre le prophète Malachie et saint Malachie? (Malachie en hébreux signifie ange.)

Le dernier prophète de l'ancien peuple, Malachie, désigne positivement le premier prophète qui doit venir après lui, c'est-à-dire cet *Elie*, Jean-Baptiste le précurseur du Seigneur qui devait paraître. Il voit en même temps la gloire du second temple et l'ange de l'alliance, le Messie, qui l'honore de sa présence, mais ce Messie est le Dieu à qui ce temple est dédié.

Saint Malachie, dans sa prophétie, nous donne le nom du dernier représentant de Dieu sur la terre et nous indique ainsi le moment où dans le temple de la nouvelle Jérusalem, Dieu rassemblera tous les élus.

Ne pourrait-on pas par une interprétation *libre* des légendes, lire dans l'avenir?

Les événements auxquels nous assistons en ce moment, nous paraissent convenir aux premières légendes : lutte violente contre l'Eglise ; la foi s'affaiblissant et provoquant par cela même une grande persécution générale ; les martyrs de la foi bravant les tourments et triomphant des persécuteurs. *Fides intrepida.*

Les légendes qui suivent ouvrent une ère nouvelle à la religion du Christ et semblent nous prédire des jours heureux : la foi brillant et régnant dans le monde entier. *Flos florum.*

A cet état de chose succèdera la lutte de l'Antéchrist, contre l'Eglise (légendes 7 et 8).

L'avènement d'Elie et d'Henoch, mettra fin au triomphe de l'Antéchrist : conversion des Juifs. *De gloria olivæ.*

Voici la fin du *temps*, c'est ce qui est clairement indiqué par la dernière légende *Petrus romanus.* Après la mort et la résurrection des deux témoins, « ce sont les derniers malheurs qui frapperont ce qui reste sur la terre. — Avènement du souverain Juge. —Jugement dernier. — Le Temple de Dieu sera ouvert dans le Ciel. » (Ap. XI.)

Etat du Monde

A LA FIN DU 60me SIÈCLE DU MONDE

IX

Voyons maintenant l'état du monde au moment où nous courons vers la fin du 6me millième. Nous nous demanderons ensuite s'il n'y a pas lieu de dire : Oui, nous arrivons à l'époque qui doit précéder d'assez près l'avènement du « **Jour épouvantable du Seigneur.** »

« Allez par tout le monde, prêchez l'Evangile à « toutes les créatures (1). »

____

(1) Marc XVI, 15.

« Et cet Evangile du royaume sera prêché dans
« toute la terre, pour servir de témoignage à toutes
« les nations, et c'est alors que la fin du monde arri-
« vera (1). »

Le monde entier connait l'Evangile, la bonne nouvelle est répandue dans toutes les nations (2). Satan
voyant arriver la fin de son règne, parcourt le monde,
semant l'ivraie, aveuglant ainsi les intelligences sur
les événements qui doivent faire connaître l'avenue
du Souverain Juge.

Plus nous approcherons de la fin des temps, plus
Satan aura besoin d'adeptes pour accomplir son œuvre
infernale; aussi on ne doit point être surpris à la vue
de nations entières bouleversées par l'infâme corrup-
teur.

---

(1) Math. XXIV, 14.

(2) Saint Jérôme témoigne que de son temps l'Evangile était
prêché dans tout le monde parce qu'il l'était dans la plus grande
partie du monde connu.

Dans un rapport de la commission du Canal de Panama, en
date du 28 fevrier 1899, nous lisons : « L'ère des découvertes
géographiques touche à sa fin, les expéditions, faites uniquo-
ment dans le but de compléter la connaissance de la Terre,
n'auront bientôt plus de raison. »

Lorsque le Protestantisme, l'Islamisme et autres sectes voient, malgré tous leurs efforts, leur influence s'amoindrir, le Judaïsme, longtemps en oubli, se redresse depuis plus d'un siècle. La nation Juive, sur le point d'être transformée, se soulève en haine du Christ; elle lui fait une guerre acharnée, ne se doutant pas qu'elle concourt ainsi à rendre plus évidente sa ruine en même temps que sa conversion.

« Je vous enverrai le prophète Elie, avant que le
« grand et l'épouvantable Jour du Seigneur arrive;
« et il réunira les cœurs des pères avec leurs enfants
« et les cœurs des enfants avec leurs pères, de peur
« qu'en venant je ne frappe la terre d'anathème (1). »

« Vous (Elie), qui avez été destiné pour adoucir la
« colère du Seigneur par des jugements que vous
« exercerez aux temps prescrits pour réunir les cœurs
« des pères à leurs enfants, et pour rétablir les tribus
« d'Israël (2). »

Comme les Juifs que la prédication de saint Jean convertit à Jésus-Christ, évitèrent l'extermination entière de la Judée, les Juifs qu'Elie fera entrer dans

____

(1) Malachie IV, 5, 6.
(2) Eccl. XLVIII, 10.

le sein de l'Eglise à la fin du monde, éviteront l'anathème éternel dont la rébellion des autres sera punie au jour du Jugement dernier.

Quoique la persécution dernière doive être générale, le théâtre principal doit être Jérusalem, voilà pourquoi la question du rachat de Jérusalem par les Juifs a été plusieurs fois agitée. Cet événement ne peut tarder à s'accomplir si nous en jugeons par des faits récents et l'agitation dans le monde entier des enfants d'Israël.

Nous lisons dans l'épître de saint Paul aux Thessaloniciens (1) : « Que personne ne vous séduise en « quelque manière que ce soit; car il (le Jour du « Seigneur) ne viendra point que la révolte et l'apos- « tasie ne soient arrivées auparavant, et qu'on n'ait « vu paraître cet homme de péché qui doit périr « misérablement, cet ennemi (l'Antéchrist) qui s'élè- « vera au-dessus de tout ce qui est appelé Dieu ou « qui est adoré, jusqu'à s'asseoir dans le temple de « Dieu, voulant lui-même passer pour Dieu. »

On croit généralement que c'est de la tribu de Dan que doit naître l'Antéchrist, voilà pourquoi certains

---

(1) II, Thess. II, 3, 4.

auteurs pensent que l'Antéchrist rétablira le temple de Jérusalem pour s'y faire adorer, renversant ainsi toute sorte de culte tant celui qui est rendu à Dieu vivant, que celui qui se rend aux fausses divinités.

***

Au moment même ou nous écrivons ces lignes, le monde Israélite est dans une grande émotion. Une ligue réformiste juive vient d'être fondée, qui demande la suppression des prières sur les holocaustes et des fêtes rappelant la destruction du Temple; les réformistes veulent encore que les prières soient dites en français, que le repos du samedi soit reporté au dimanche, que les fêtes juives soient célébrées en même temps que les fêtes chrétiennes, que les deux calendriers soient identifiés, etc., etc. On parle même d'une scission religieuse, de la fondation d'un temple, à l'usage des Israélites réformistes, qui s'intitulent libéraux et patriotes français.

Depuis la dispersion de la nation juive, jamais, croyons-nous, pareil fait ne s'était produit. Nous voyons encore là une marque que nous arrivons à la fin des temps.

Un autre fait non moins caractéristique, c'est de voir la secte protestante tourner son ambition vers la possession de Jérusalem. Les derniers événements nous la montrent déjà très puissante dans la ville sainte.

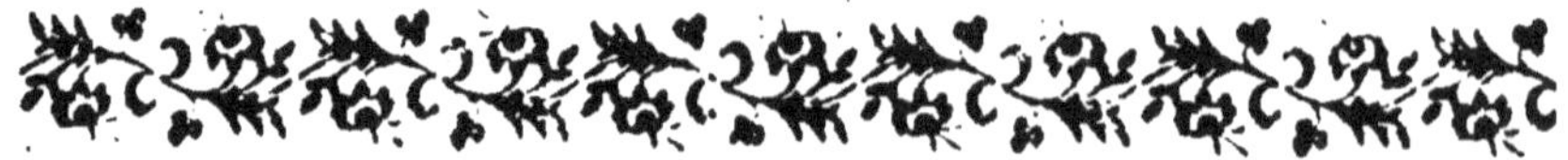

X

Sous l'influence de Satan, des sectes infâmes se sont formées, elles n'ont toutes qu'un même but, la haine de Dieu et l'asservissement, sous le nom flatteur de liberté, du monde entier. Plus de Dieu, plus de maître, tel est le cri de Satan que des millions de bouches inconscientes répètent sans cesse.

« L'insensé a dit dans son cœur ; il n'y a point de « Dieu (1).

« Quel est notre Seigneur et notre Maître (2). Tel est le langage du socialisme au XIXme siècle. Laissons parler Proudhom (3).

« Le premier devoir de l'homme intelligent et « libre, est de chasser incessamment l'idée de Dieu « de son esprit et de sa conscience. Car Dieu, s'il

______

(1) Ps. XIII, 1.

(2) Ps. XI, 4.

(3) Proudhom, *Système des contradictions économiques ou philosophiques de la misère*, 2 v. in-8, 1846, p. 414, I, V.

« existe, est essentiellement hostile à notre nature,
« et nous ne relevons aucunement de son autorité...
« De quel droit Dieu me dirait-il encore : Sois Saint
« parce que je suis saint ? Esprit menteur, lui répon-
« drai-je, Dieu imbécile, ton règne est fini ; cherche
« parmi les bêtes d'autres victimes... Ton nom voué
« au mépris et à l'anathème, sera sifflé parmi les
« hommes ; car Dieu, c'est sottise et lâcheté ; Dieu,
« c'est hypocrisie et mensonge ; Dieu, c'est tyrannie
« et misère ; Dieu, c'est le mal. » **HORRIBLES
BLASPHÈMES !**

XI

Ecoutons maintenant le livre de la Sagesse (1) :
Ils font (les hommes) en secret « des sacrifices infâ-
« mes, où ils célèbrent des veilles pleines d'une bru-
« talité furieuse ; de là vient qu'ils ne gardent plus
« aucune honnêteté, ni dans leur vie, ni dans leur
« mariage, mais l'un tue l'autre par envie ou l'ou-
« trage par l'adultère ; tout est dans la confusion, le
« sang, le meurtre, le vol, la tromperie, la corrup-
« tion, l'infidélité, le tumulte, le parjure, le trouble
« des gens de bien, l'oubli de Dieu, l'impureté des
« âmes, l'avortement, l'inconstance des mariages
« et les dissolutions de l'adultère et de l'impudi-
« cité. »

Il est à remarquer que c'est au milieu présumé de
la durée du monde, vers l'an 3,000 et au moment
même où Salomon édifiait le Temple de la Jérusalem

----

(1) Sag. XIV, 23, 24, 25, 26.

terrestre, que le plus sage des Rois, trace ce tableau du peuple Juif.

Qui ne serait frappé à cette lecture par la crainte de reconnaître le tableau de l'esprit du monde de nos jours ?

XII

L'action maçonnique, après s'être affiliée les Juifs
et les Protestants, se fait actuellement sentir d'un
bout à l'autre de l'Europe, aussi bien en Portugal
qu'en Espagne, en France qu'en Russie. Elle se montre en Asie, et les derniers événements de la Chine,
nous dévoilent les efforts sataniques qu'elle emploie
pour asservir l'homme et le faire descendre dans la
boue du vice le plus abject.

« Secte ténébreuse (1) que la société porte depuis
« de longues années dans ses flancs et qui, comme
« un germe mortel, y contamine le bien-être, la fé-
« condité et la vie. Personnification permanente de
« la révolution, elle constitue une sorte de société
« retournée, dont le but est d'exercer une suzeraineté
« occulte sur la société reconnue et dont la raison
« d'être consiste entièrement dans la guerre à faire à
« Dieu et à son Eglise. Il n'est pas besoin de la nom-

____

(1) Lettre apostolique de Sa Sainteté le Pape Léon XIII,
avril 1902.

« mer, car à ces traits, tout le monde a reconnu la
« franc-maçonnerie, dont Nous avons parlé d'une fa-
« çon expresse, dans Notre Encyclique *Humanum ge-*
« *nus* du 20 avril 1884, en dénonçant ses tendances
« délétères, ses doctrines erronées et son œuvre né-
« faste. Embrassant dans ses immenses filets la pres-
« que totalité des nations et se reliant à d'autres
« sectes qu'elle fait mouvoir par des fils cachés, atti-
« rant d'abord et retenant ensuite ses affiliés par
« l'appât des avantages qu'elle leur procure, pliant
« les gouvernements à ses desseins, tantôt par ses
« promesses et tantôt par ses menaces, cette secte est
« parvenue à s'infiltrer dans toutes les classes de la
« société. Elle forme comme un État invisible et
« irresponsable dans l'État légitime. Pleine de l'esprit
« de Satan qui, au rapport de l'Apôtre, sait au besoin
« se transformer en ange de lumière, elle met en
« avant un but humanitaire, mais elle sacrifie tout à
« ses projets sectaires ; elle proteste qu'elle n'a aucune
« visée politique, mais elle exerce en réalité l'action
« la plus profonde dans la vie législative et administra-
« tive des États ; et tandis qu'elle professe en paroles
« le respect de l'autorité et de la religion elle-même,
« son but suprême (ses propres statuts en font foi) est
« l'extermination de la souveraineté et du sacerdoce,
« en qui elle voit des ennemis de la liberté. »

XIII

Voici l'extrait d'un ouvrage qui vient de paraître (1) :

« Le progrès dans l'ordre des connaissances et des
« industries humaines, est indéniable. Les conquêtes
« merveilleuses de la science, depuis un siècle sur-
« tout, sont une des preuves les plus manifestes de la
« puissance du génie humain ; elles sont par suite
« un hommage indirect rendu à l'intelligence infinie
« de Dieu, créateur, et des lois de la nature et de l'es-
« prit humain qui sait les découvrir, les analyser et
« les appliquer aux besoins de la vie.

« Mais deux choses nous frappent dans ce progrès
« des sciences et de leurs applications pratiques.

« D'abord, plus la science devient profonde et rai-
« sonnée, et mieux elle comprend combien est vaste

____

(1) L'Abbé Joseph Maître, *la Prophétie des Papes*, 1 vol.,
Beaune ; G. Loireau, 1901.

« le champ à explorer ; par conséquent, plus elle doit
« s'humilier et se défier d'elle-même.

« Ensuite et surtout, le progrès véritable et le bien-
« être de l'humanité sont loin de marcher de pair
« avec les découvertes modernes. Il suffit d'une in-
« vention, d'un perfectionnement inconnu jusqu'alors
« pour bouleverser les conditions de l'existence : la
« machine remplace le travail de l'ouvrier et multiplie
« la misère des uns en accroissant dans des propor-
« tions exagérées la fortune des autres ; et quand l'in-
« dustrie moderne ne prend pas au travailleur son
« salaire, elle abaisse son caractère et son niveau mo-
« ral, en occasionnant les grandes agglomérations,
« sources de vices et de désordres.

« A un autre point de vue encore les découvertes
« de la science, tout admirables qu'elles soient en
« elles-mêmes, sont funestes pour le bien général
« des nations et des individus. Les excitations de
« toutes sortes au luxe et à la dépense mise à la por-
« tée de tous par les mille inventions du jour, les
« facilités de relations et de voyages inconnues à nos
« pères, la diffusion exagérée de la presse, et tant
« d'autres résultats du progrès des sciences, produi-
« sent, hélas, les plus lamentables effets sur les po-
« pulations des villages et des campagnes. L'ordre

« social est bouleversé. La famille est détruite. L'in-
« dividu, isolé, misérable, est en proie à mille désirs
« insensés qu'il ne peut assouvir; il voit en même
« temps renaître pour lui, sous une autre forme,
« l'esclavage ancien. L'émiettement des forces vitales
« de la nation sous l'influence dissolvante du pro-
« grès moderne, a produit, par un monstrueux con-
« traste, le groupement de toutes les puissances en-
« nemies de la liberté, le « Socialisme d'Etat »,
« auquel peut seule remédier la religion. »

« C'est ainsi qu'en voulant dominer la matière par
« la science, l'homme s'est laissé peu à peu dominer,
« par la matière, et, comme conséquence, par la
« force brutale. »

« Cet état lamentable, résultat indirect des admi-
« rables conquêtes de la science, peut-il durer de
« longs siècles encore, peut-il même se continuer? »

. . . .

« A un autre point de vue, nous pouvons recon-
« naître les traits caractéristiques de notre époque. »
« On veut bien encore parler de religion, de Dieu.
« Mais la religion, pour beaucoup, n'est plus qu'un
« vague déisme qui fait de l'Etre suprême une sorte
« d'abstraction lointaine, indifférente aux choses de
« l'humanité.

« On parle d'amour des hommes, de civisme et
« de patriotisme. Mais sous ces grands mots se cache
« l'égoïsme le plus odieux. Une vaine *philanthropie* a
« remplacé la charité chrétienne, le culte de la raison
« et de la matière a été substitué à l'adoration du
« Christ et au respect pour son Église, source de la
« vraie charité.

« Et cependant les esprits forts, les indépendants,
« se laissent enchaîner par des liens tyranniques en
« abdiquant leur liberté au profit des sociétés mau-
« dites qui mènent le monde moderne : franc-ma-
« çonnerie, sociétés secrètes de tous genres. Ces
« hommes qui se moquent du surnaturel, sont d'une
« crédulité excessive lorsqu'il s'agit de phénomènes
« se rattachant aux sciences occultes ou à la magie
« noire. »

« Hélas ! les rapports du démon avec l'humanité
« ne sont que trop réels, et nous nous garderons bien
« de traiter par le rire les manifestations étranges
« que produit le magnétisme ou le spiritisme. Nous
« n'aurons garde non plus de chercher à tous ces
« phénomènes des explications naturelles ou scienti-
« fiques. »

« Nous croyons donc, nous aussi, à la réalité de
« beaucoup de faits où semble se trahir l'intervention

« du monde des esprits. Mais n'est-il pas étrange de
« voir des hommes se prétendre indépendants, et,
« sous prétexte d'affranchir leur raison, secouer le
« joug de toute religion positive, tandis qu'ils se
« livrent aveuglément à des pratiques qui font inter-
« venir des forces occultes, effrayantes dans leurs
« effets, autant que suspectes dans leur nature ? »

XIV

Le Cardinal Vaughan, Archevêque de Westminster, dans un mandement (1), adressé au clergé anglais, trace le tableau décourageant mais exact de l'état d'esprit des nations les unes envers les autres :

« Considérez l'état social et politique du monde.
« Partout incertitude et malaise. Le Vicaire du
« Christ, dépouillé de son pouvoir légitime, est pri-
« sonnier, *sub hostili dominatione constitutus*. Les races
« sont irritées contre les races. Les nations rivales se
« provoquent mutuellement à une lutte de railleries
« et d'insultes. Les hommes se demandent : Quelle est
« l'influence qui l'emportera et qui dominera dans le
« monde ? Est-ce que, à nouveau, les hordes du
« Nord inonderont l'Europe ? Quand l'Asie sera ar-
« mée comme nous, est-ce que les races païennes
« prévaudront contre la chrétienneté ? Que nous ré-

____

(1) The Pilgrimage To Rome for the Solemn homage. — Westminster, november, 16 th, 1900.

« serve le siècle qui commence, pour châtier ceux
« qui ont péché contre la lumière ? En attendant,
« l'envie et la jalousie, la haine et les désirs de ven-
« geance, l'avarice et un désir passionné du pouvoir
« et de l'influence, ont éclaté parmi les nations,
« comme une épidémie de vices, qui menace d'abais-
« ser, sinon de détruire leur pouvoir. »

« Les gouvernements du monde voient tout cela
« assez clairement, et tremblent de ce qui peut en
« résulter. Ils appliquent des remèdes : remèdes inu-
« tiles. Ils convoquent un Congrès pour la paix, et
« en excluent le Pape. Ils forgent des armes destruc-
« tices ; ils arment les peuples pour leur défense. Ils
« établissent l'éducation obligatoire, sans religion.
« Ils déclarent les religions toutes également bonnes
« ou également inutiles. Ils prêchent un Evangile de
« commerce, de « portes ouvertes » et de « sphères
« d'influence » ; puis, ils envoient des armées pour
« combattre. On fouille passionnément les entrailles
« de la terre, à la recherche des métaux précieux et
« des métaux communs, pour en trouver davantage,
« et toujours davantage. Cependant les impôts aug-
« mentent et les besoins se multiplient partout..... »

« Le remède à tous ces maux est en Jésus-Christ,
« et en lui seul. »

XV

Nous terminerons enfin cet aperçu de l'état actuel du monde, par les paroles pleines de tristesse tombées, hier encore, des lèvres de ce Vieillard, dont saint Malachie, il y a neuf siècles, annonçait la venue comme un éclair de Lumière venant au nom de Dieu illuminer le monde.

« Le grand souci qui Nous (1) tourmente est de voir
« que les épreuves et les afflictions qui entourent les
« catholiques, loin de s'atténuer vont en s'aggravant
« chaque jour, et même se propagent d'une partie de
« l'Europe à l'autre comme une véritable contagion :
« Un grand nombre d'hommes, en effet, séparés les
« uns des autres par les distances, mais unis par la
« même communauté d'intentions, en sont venus à
« une guerre ouverte contre la religion et méprisent
« avec autant d'ingratitude que d'orgueil les bienfaits

____

(1) Allocution de S. S. Léon XIII, dans le Consistoire du 15 avril 1901.

« que Jésus-Christ a apportés au genre humain. C'est
« la raison et l'esprit de cette campagne entreprise
« dans un État voisin qui ne méritait pas une pa-
« reille calamité contre les ordres religieux, à cette
« fin de les détruire peu à peu.

« Ni le droit commun, ni l'équité, ni les titres les
« plus éclatants n'ont pu leur épargner cette catas-
« trophe. On a voulu, de plus, empêcher à l'avenir
« la jeunesse d'être élevée par ceux qui ont formé
« pour la société tant d'hommes distingués. Et pen-
« dant que la plus large liberté est laissée à chacun
« de vivre à son gré, on l'ôte ou on la restreint pour
« ceux dont la loi est de vivre, sans rien violer, selon
« les conseils de la tradition divine... De même, dans
« les autres nations, ce qui domine en ce moment,
« c'est ce que nous signalions en commençant, le des-
« sein manifeste des ennemis de l'Église d'attaquer vio-
« lemment les institutions chrétiennes ; et on dirait
« qu'il y a comme un pacte formé entre eux dans ce
« but. On en voit la preuve dans ce qui se passe un
« peu partout, à savoir : les soulèvements des foules,
« les cris de violence et les menaces proférées en pu-
« blic, les publications tendant à exciter les passions
« populaires, les outrages publics jetés sur les choses
« et les personnes les plus respectables. Ce sont là de

« tristes indices pour l'avenir et qui font présager, avec
« toute vraisemblance, qu'à des temps malheureux
« succèderont des temps plus malheureux encore. »

Déjà, dans une précédente Encyclique (1), ce grand
Pontife nous laissait entrevoir les maux dont nous
sommes aujourd'hui les victimes :

« Aussi voyons-nous multiplier et mettre à la por-
« tée de tous les hommes tout ce qui peut flatter leurs
« passions. Journaux et brochures d'où la réserve et
« la pudeur sont bannies ; représentations théâtrales
« dont la licence passe les bornes ; œuvres artistiques
« où s'étalent, avec un cynisme révoltant, les prin-
« cipes de ce qu'on appelle aujourd'hui *le réalisme ;*
« inventions ingénieuses destinées à augmenter les
« délicatesses et les jouissances de la vie ; en un mot,
« tout est mis en œuvre pour satisfaire l'amour du
« plaisir, avec lequel finit par se mettre d'accord la
« vertu endormie. »

---

(1) Lettre encyclique sur la Franc-Maçonnerie, 20 avril 1884.

Les Nombres 6 et 7

DANS LES ÉCRITURES

XVI

Comme nous le disons plus haut, les nombres 6 et 7 ont une grande importance dans les Ecritures. Nous admettons que les différents nombres indiqués dans les Livres-Saints, ne doivent pas être toujours pris pour leur va' ur numérique et exacte et qu'ils signifient quelquefois un nombre sacré et parfait. Mais il est évident qu'il y a quelque mystères sous les nombres 6 et 7 ainsi multipliés dans les divines Ecritures. Voilà pourquoi nous croyons qu'on doit leur conserver, au moins en ce qui regarde la fin des temps, leur valeur numérique et « prophétique ».

Nous allons signaler les principaux passages qui nous paraissent se rapporter à la Fin des Temps et aux événements qui doivent les précéder, et dans lesquels les nombres 6 et 7 sont mentionnés.

Dans le Pentateuque, il y a près de deux cents versets où les nombres 6 et 7 sont relatés. Nous relèverons principalement :

« Le Seigneur a fait en 6 jours le ciel et la terre et « il a cessé d'agir au 7me jour (1). »

« Vous travaillerez durant 6 jours et vous y ferez « tout ce que vous aurez à faire, mais le 7me jour est « le jour du repos consacré au Seigneur votre Dieu, « vous ne ferez en ce jour aucun ouvrage (2). »

Dieu, en punition de la désobéissance d'Adam, le condamne lui et sa postérité au travail, mais Dieu n'oblige l'homme qu'à travailler pendant 6 jours ; le 7me jour, le Seigneur veut oublier sa désobéissance ; « il jette derrière lui tous ses péchés (3) » et il lui défend sous peine de damnation éternelle de travailler le 7me jour.

---

(1) Exode XXXI, 17.
(2) Exode XX, 9, 10.
(3) Cant. Echez., 12.

L'homme travaillera pendant 6 jours ou 6000 ans, mais au 7me millième, il entrera dans le repos éternel pour y jouir de la vue de Dieu. Même pendant sa vie mortelle, Dieu veut que l'homme en ce 7me jour, puisse le voir et l'adorer. Voilà pourquoi il a fait une loi qui oblige le juif à se rendre au Temple où le Saint des Saints se montre dans la nuée ; pour le chrétien, il doit lui aussi se rendre au Temple, où sous la forme eucharistique, il voit et adore son Sauveur et son Dieu.

*
* *

« Noé avait 600 ans (6 siècles) lorsque les eaux du « déluge inondèrent toute la terre (1). »

La durée du déluge fut de 6 semaines ou quarante jours.

Dieu au 6me jour de la création créa l'homme à son image. Le déluge anéantit tous les descendants d'Adam. Noé, âgé de 6 siècles, est conservé et Dieu crée pour ainsi dire de nouveau l'homme, car il dit : « Croissez « et multipliez-vous et remplissez la terre (2). » Ce sont-là les mêmes paroles de Dieu créant Adam.

---

(1) Gen. VII, 6.
(2) Gen. IX, 1.

*
**

« Le 27me jour du 7me mois, l'arche se reposa sur
« les montagnes d'Arménie (1). »

L'arche est bien la figure du monde, voyageant vers
l'éternité ; les montagnes d'Arménie, nous représentent bien aussi par leur élévation, le séjour heureux
où l'humanité transfigurée ira se reposer au commencement du 7me millième depuis sa création.

*
**

« Que Dieu devienne un serpent dans le chemin et
« un ceraste dans le sentier... Seigneur, j'attendrai
« le salut que vous devez envoyer (2). »

Ces paroles sont celles de la bénédiction donnée
par Jacob à Dan. Dan est le cinquième des enfants de
Jacob et néanmoins il est le 7me qui reçoit sa bénédiction. Dan signifie « jugement ». On croit que c'est
de la tribu de Dan que doit naître l'Antechrist ; c'est
pourquoi Jacob lui dit dans la vue des grands maux
que doit causer celui qui sortira de Dan : « Seigneur,

______

(1) Gen. VIII, 4.
(2) Gen. XLIV, 17, 18.

« j'attendrai le salut que vous devez envoyer. »

Dans le deuxième partage par Josué de la Terre Promise, la 7me et dernière part échut par sort à la tribu de Dan.

*
* *

« Recueillez pendant 6 jours la manne, car le
« 7me jour c'est le sabbat du Seigneur, c'est pourquoi
« vous n'y en trouverez point... Que chacun donc
« demeure chez soi, et que nul ne sorte de sa place
« au 7me jour (1). »

Pendant 6 jours ou 6000 ans Dieu donne à l'homme la manne qui doit nourrir son âme et son corps, mais au 7me jour, l'homme entrera dans le repos éternel, n'ayant plus besoin de nourriture. Comblé de tout bien, l'homme demeurera à la place marquée par Dieu et nul « ne sortira de sa place. »

*
* *

« Si vous achetez un esclave, il vous servira pen-
« dant 6 ans et au 7me il sortira libre (2). »

---

(1) Exode XVI, 29.
(2) Exode XXI, 2.

Depuis la faute originelle, l'homme est l'esclave de Satan, pendant 6 ans ou 6000 ans, Satan le tient plus ou moins sous sa domination, mais à la 7me année, c'est-à-dire à la Fin des Temps, l'homme à la voix du Christ, retrouvera sa liberté et une félicité éternelle.

***

« Vous sèmerez votre terre pendant 6 années, « mais vous ne la cultiverez point la 7me année (1). »

Adam est la figure de la terre dont il est sorti. Dieu lui dit : « Croissez et multipliez. » Les descendants d'Adam, pendant 6000 ans obéiront à cette parole ; mais à la 7me année, le nombre des hommes fixé par Dieu, de toute éternité, atteindra son entier accomplissement.

***

Le Seigneur dit à Moïse : « Montez en haut de la « montagne où je suis, et vous y demeurerez... Moïse « étant monté, la nuée couvrit la montagne... la « gloire du Seigneur reposa sur Sinaï, l'enveloppa « d'une nuée pendant 6 jours, et le 7me jour Dieu

______

(1) Exode XXIII, 10, 11.

« appela Moïse du milieu de cette obscurité (1). »

N'est-ce pas là une des plus belles et des plus frap-
pantes images de la vie de l'humanité sur terre ; ne la
voyons-nous pas pendant ces 6 jours ou 6,000 ans,
au milieu de cette nuée, attendant que Dieu l'appelle pour la faire jouir éternellement de sa vue
sans ombre et sans nuages. Ne vous paraît-il pas
dans ces versets de nos Livres Saints, que les nombres
6 et 7 indiqués par l'Esprit Saint ont une valeur
prophétique et qu'ils nous disent clairement la durée
du monde et l'heure du Royaume de Dieu ?

*
* *

Après avoir jeté un coup d'œil sur la « Genèse » et
l' « Exode », nous voyons dans le « Lévitique » les
« Nombres » et le « Deutéronome » que dans les
diverses fêtes, le 7me jour est toujours le plus so-
lennel et dit « Le jour du Seigneur ».

Pour, les offrandes, les aspersions, les purifica-
tions, etc., les nombres 6 et 7 y sont toujours indiqués.

---

(1) Exode XXIV, 12, 15, 16.

XVII

Dans les autres Livres de l'Ancien Testament, nous signalerons :

« Je vous ai livré entre les mains Jéricho et son
« roi. Vous ferez le tour de la ville pendant 6 jours,
« mais, au 7me jour, les prêtres prendront les
« 7 trompettes. Vous ferez 7 fois le tour de la ville,
« et les prêtres sonneront d'un son plus long et
« plus coupé, et lorsque ce bruit aura frappé vos
« oreilles, tout le peuple élevant sa voix tout ensem-
« ble jettera un grand cri et alors les murailles de
« la ville tomberont jusqu'aux fondements... Ils pri-
« rent ainsi la ville (1). »

La ville de Jéricho est la première conquête des hébreux dans la Terre Promise. Aussi, Dieu veut qu'ils en fassent le tour pendant 6 jours, afin de les préparer à voir manifester sa puissance en leur faveur. Le 7me jour, au bruit des cris de tout le peuple et au

____

(1) Josué VI, 2, 3, 4, 5, 20.

son des 7 trompettes, les murailles de Jéricho tombent d'elles-mêmes et les Israélites entrent en triomphe dans la ville.

Nous voyons ici, comme à travers un voile, le tableau de la fin des temps; rien n'y manque, le tumulte de tout un peuple, les cris, le son des 7 trompettes et la destruction physique du monde.

Après que le monde aura accompli une course de 6 jours ou de 6,000 ans, Dieu, au 7me jour, fera entendre la dernière trompette; tout s'ébranlera et alors apparaîtra la nouvelle Jéricho, la Jérusalem céleste où Dieu fera entrer les Justes, pendant que les méchants, punis comme les habitants de Jéricho, subiront la « Seconde mort » (1).

* * *

« Ils jetèrent Daniel dans la fosse aux lions, et il y
« demeura 6 jours. Il y avait dans la fosse 7 lions...
« Le 7me jour le roi vint pour pleurer Daniel, et
« s'étant approché de la fosse il regarda dedans, et il
« vit Daniel qui était assis au milieu des lions... et
« il le fit sortir de la fosse des lions (2). »

____

(1) Apoc. XX, 6.
(2) Daniel XIV, 30, 31, 39, 40.

Daniel reste 6 jours dans la fosse au milieu de 7 lions. Les Pères de l'Eglise comparent les démons à des lions, qui rugissants cherchent à ravir les âmes des fidèles. Le nombre 7 nous marque les chefs des démons des 7 péchés capitaux. Ceux des fidèles qui comme Daniel, mettent leur confiance en Dieu, n'auront pas été victimes des esprits de damnation, sortiront au 7me jour du sein de la terre pour à l'appel de l'Oint du Seigneur, aller chanter, sans fin, la gloire du Roi des Rois.

XVIII

Le Nouveau Testament

« 6 jours après, Jésus ayant pris avec lui Pierre,
« Jacques et Jean son frère, les mena à l'écart sur
« une haute montagne et il fut transfiguré devant,
« eux (1). »

Saint Luc dit « environ huit jours après » parce
qu'entre les 6 jours entiers, il y comprend le jour où
Jésus-Christ parlait et celui où arriva le miracle au
lieu que saint Mathieu et saint Marc n'ont marqué
que les 6 jours d'entre deux.

Ce n'est pas sans dessein que l'Evangile nous dit :
« 6 jours après eut lieu la transfiguration ». Il semble nous faire comprendre que l'humanité doit at-
tendre une durée de 6 jours ou 6000 ans, avant que

---

(1) Math. XVII, 1, 2. — Marc IX, 1.

Jésus vienne prendre ses élus pour les mener avec lui
au ciel..

*
* *

« 6 jours avant la Pâque, Jésus vint à Béthanie
« où il avait ressuscité Lazare... Marie ayant pris une
« livre d'huile de parfum de vrai nard, le répandit
« sur les pieds de Jésus... Jésus dit : Laissez-la faire,
« parce qu'elle a gardé ce parfum pour le jour de ma
« sépulture (1). »

Cette action marquait en effet la mort et la sépulture du Sauveur. Voilà bien indiqués les 6 jours où le
monde quoique vivant est comme mort sur la terre
attendant la fin de toutes choses. Après les 6 jours ou
les 6000 ans écoulés, les fidèles seront appelés à par-
ticiper à la Pâque nouvelle au « souper des noces de
l'agneau (2). »

*
* *

Il s'est écoulé 6 semaines du jour de la mort de

______

(1) Jean XII, 1, 3, 7.
(2) Apoc. XIX, 9.

N.-S. Jésus-Christ jusqu'au jour de son ascension dans le Ciel. La 7me semaine Jésus ouvre les portes du Ciel pour y faire entrer les élus, qui depuis 4000 ans étaient dans l'attente de ce grand jour.

XIX

L'Apocalypse

Il est impossible de méconnaître que l'avènement dernier de Jésus-Christ ne soit le fait capital de la prophétie :

« Le voici ! il vient sur les nuées. Tout œil le verra
« et ceux même qui l'ont percé ; toutes les tribus
« de la terre se lamenteront à sa vue, il est vrai.
« Amen (1). »

C'est dans ce Livre écrit par Dieu lui-même dans les révélations qu'il a faites à saint Jean, où les nombres 6 et 7, en ce qui regarde la fin des temps ont la plus grande importance.

Ainsi le nombre 7 se reproduit dans le livre tout entier. Nous trouvons les 7 esprits qui sont devant le

---

(1) Apoc. I, 7.

trône de Dieu, — les 7 églises d'Asie, — les 7 chandeliers d'or, — les 7 étoiles dans la main du Fils de l'homme, — les 7 anges des Eglises, — les 7 trompettes, — les 7 lampes ardentes, — les 7 sceaux du livre des Révélations, — les 7 cornes de l'agneau, — les 7 yeux de l'agneau, — les 7 tonnerres, — les 7 mille hommes qui doivent périr à Jérusalem, — les 7 têtes du dragon, — les 7 diadèmes sur chacune des têtes du dragon, — les 7 têtes de la bête qui sort de la mer, — les 7 anges portant les 7 dernières plaies, — les 7 coupes pleines de la colère de Dieu, — les 7 têtes de la bête couleur de pourpre, sur laquelle est assise la prostituée.

Il faut maintenant remarquer que ce nombre 7 indique la suite d'événements divisés en 7 parties dont *la 6ᵉ est relative à la fin du monde et la 7ᵉ à la venue du Règne de Dieu avec ses élus dans la Jérusalem Céleste.*

L'apocalypse présente deux tableaux parallèles. Le premier de ces tableaux est la destruction du monde matériel et physique par le dernier avènement de Jésus-Christ ; et le second, la destruction du monde idolâtre par la ruine de la Rome païenne. Voilà les deux grands événements que le Saint-Esprit a voulu nous révéler dans ce Livre.

Du reste, l'Esprit-Saint a suivi dans l'apocalypse la marche tracée par le Sauveur lui-même dans son Evangile; car Jésus-Christ a le soin de placer dans un même tableau et son dernier avènement et la ruine de Jérusalem par les armées romaines, les comparant l'une à l'autre.

A la fin du Chapitre VI, l'Apocalypse nous offre les signes précurseurs du dernier avènement de Jésus-Christ et de la destruction du monde, physique figuré par l'ouverture des 7 sceaux et des 7 trompettes.

L'ouverture des sceaux et le son des trompettes ont trait au dernier avènement de Jésus-Christ, tandis que l'effusion des coupes indique la destruction de Rome païenne.

Pour bien comprendre les symboles indiqués par saint Jean, il faut avoir recours à l'Evangile dans lequel le Sauveur désigne en détail les signes de son dernier avènement.

Le 6me signe c'est : La perturbation générale du monde :

« Lorsqu'il (l'Ange) eut ouvert le 6e sceau, il se fit
« un grand tremblement de terre : le soleil devint
« noir comme un sac de poil, et la lune toute en-
« tière devint comme du sang... Le ciel se plia

« comme un livre roulé ; toutes les montagnes et les
« îles furent ébranlées de leur place (1).

Ce signe est marqué dans ces paroles de l'Evangile :
« Le soleil sera obscurci, la lune ne donnera pas sa
« lumière, les étoiles tomberont du ciel, les vertus
« des cieux seront ébranlées (2). Il y aura des trem-
« blements de terre en plusieurs lieux, des terreurs
« venant du ciel, et de grands signes dans le soleil,
« la lune et les étoiles ; sur la terre, les nations se-
« ront effrayées à cause de l'affreux mugissement de
« la mer et des flots ; les hommes sècheront de
« frayeur dans l'attente de ce qui doit arriver dans
« l'univers (3). »

Le 7me signe ouvre le 7me chapitre et se poursuit
jusqu'au chapitre dixième. Il nous montre la réunion
des élus pris dans les juifs et les gentils, la fin de la
durée du temps et la gloire des saints dans la Jérusalem céleste.

« Lorsque l'Agneau eut ouvert le 7me sceau, il se

---

(1) Apoc. VI, 12, 14 et suivants.
(2) Math. XXIV, 19. — Marc XXIII, 24, 25.
(3) Luc XXI, 25, 26.

« fit un silence dans le ciel d'environ une demi-
« heure (1). »

Ce silence d'une demi-heure pourrait bien être le
temps des « trois jours et demi » pendant lequel les
deux témoins qui auront été mis à mort resteront
sans sépulture; car aussitôt après leur résurrection et
leur ascension, ce sont de nouveaux et derniers malheurs qui doivent frapper ce qui restera sur la terre,
et cela est annoncé par le son de la 7me trompette.

« Et je vis les 7 anges qui se tiennent debout de-
« vant Dieu, et on leur donna 7 trompettes (2). »

Ce signe est marqué dans ces paroles de l'Évangile :

« Le Fils de l'Homme enverra ses anges qui, au
« son de la trompette et à haute voix, réuniront tous
« les élus des quatre-vents, depuis une extrémité du
« ciel jusqu'à l'autre (3). »

« Et l'ange que j'avais vu debout sur la terre et
» sur la mer leva sa main vers le ciel, et il jura par
« celui qui vit aux siècles des siècles, qui a créé le

_____

(1) Apoc. VIII, 1.
(2) Apoc. VIII, 2.
(3) Math. XXIV, 31.

« ciel et tout ce qu'il renferme, la terre et tout ce
« qu'elle renferme, qu'il n'y aurait plus de temps ;
« mais qu'aux jours où la voix du 7me ange com-
« mencerait à sonner de la trompette, le mystère de
« Dieu s'accomplirait, ainsi qu'il l'a annoncé par les
« prophètes, ses serviteurs (1). »

« Et le 7me ange sonna de la trompette, et de
« grandes voix furent entendues dans le ciel, qui di-
« saient : Le règne de ce monde est passé et celui de
« Notre-Seigneur et de son Christ aura les siècles des
« siècles pour durée. Alors le temple de Dieu fut ou-
« vert dans le Ciel (2). »

Comme nous venons de le voir, les événements
prédits par les sceaux et les trompettes se trouvent
marqués dans l'Évangile et les Prophètes comme devant arriver à la fin des temps.

*
* *

C'est principalement par le son des trompettes (et
celui de la 7me trompette) que le dernier avènement
de Jésus-Christ est annoncé dans les Écritures. So-

---

(1) Apoc. X, 5, 6, 7.
(2) Apoc. XI, 15.

phonie appelle le grand jour du Jugement, le jour de la trompette (I. 16). Le Sauveur déclare que Dieu enverra ses Anges avec **la** trompette (Math. xxiv). Saint Paul, dans la première épître aux Corinthiens, annonce que **la** trompette dernière (la 7me), sonnera pour le Jugement ; et dans sa première épître aux Thessaloniciens, que Jésus-Christ descendra des cieux au son de **la** trompette.

Les Nombres 6 et 7

EN DEHORS DES LIVRES CANONIQUES

—✳—

XX

Le 7me article du Symbole des Apôtres est :
« D'où il viendra juger les vivants et les morts. »

En plaçant par la bouche des Apôtres au 7me article du Symbole, la Croyance au jugement dernier, l'Esprit-Saint semble nous dire : Que ce nombre 7 frappe votre esprit toutes les fois qu'il s'agira du « **Jour des vengeances Célestes** ».

***

Il y a 7 Sacrements, le 7me est le mariage. Qu'est-ce que le mariage ? Le catéchisme nous le dit : « Il

« représente l'union de Jésus-Christ et de son
« Eglise; il crée la famille chrétienne, il donne à
« Dieu des serviteurs, à l'Eglise des fidèles et au Ciel
« des élus. »

Une des fins du mariage est qu' « il donne au Ciel
des élus. » Voilà pourquoi au 7me millième aura lieu
la réunion de tous les élus dans le ciel.

Il y a 7 péchés capitaux, le 7me est la Paresse. »

Les damnés auront tous contrevenu à la satisfac-
tion exigée par Dieu d'Adam et de ces descendants,
qui est : « Vous travaillerez durant 6 jours, mais le
« 7me jour est le jour du repos consacré au Seigneur
« votre Dieu. » (EXODE XX, 9, 10.)

Les 7 Douleurs de Marie : La 6me est la mort
de Notre-Seigneur Jésus-Christ. La septième son
ensevelissement qui est suivi de sa Résurrection.

Les 7 Fêtes principales de la Sainte Vierge Marie.

Nous voyons encore ici la 7me fête, est son assomption glorieuse au ciel.

Nous avons encore les 7 heures canonicales, etc.
Nous arrêtons ici nos citations.

De tout ce qui précède, il nous paraît évident que le nombre 6 ou 6,000 ans marque la durée du monde ; le nombre 7 ou 7me millième, la réunion des Elus dans le Royaume de Dieu.

XXI

Comme conclusion pratique de cet écrit, il ressort :

Que nous ne devons jamais perdre de vue la pensée du « **Jugement dernier** ».

Que nous devons être toujours dans la crainte de ne pas assez connaître les signes précurseurs de ce « **Jour des vengeances célestes** ».

Si les hommes se pénétraient de ces deux salutaires pensées, ceux qui vivent actuellement verraient leur âme remplie d'une crainte salutaire, et ceux qui vivront au jour de l' « **avènement de Jésus-Christ** » éviteraient d'être « enveloppés comme dans un filet » et jetés au « feu éternel qui a été préparé par le diable et pour vous ». (MATH. XXV, 41.)

*
* *

En ce qui concerne l'époque de cent ans environ où nous croyons pouvoir fixer la Fin du Temps, nous avons pris pour base les divers événements dans lesquels les nombres 6 et 7 nous ont paru avoir une valeur prophétique.

*
* *

Nous désirons qu'il ne soit sorti de notre bouche rien qui ne soit conforme à la doctrine de la sainte Église catholique notre Mère.

Aussi nous soumettons en toute humilité, ce petit travail à l'étude sérieuse et réfléchie de ceux qui voudront bien le lire.

Une seule pensée a été la nôtre : Procurer la gloire de Dieu, par la béatitude que nous souhaitons à tous les hommes de bonne volonté.

*
* *

« *Ne m'abandonnez pas, ô Dieu, dans ma vieillesse,*
« *et dans mon âge avancé, jusqu'à ce que j'aie annoncé*
« *la force de votre bras à toute la postérité qui doit*
« *venir.* » (Ps. LXX, 19, 20.)

Toulouse. — Imp. spéciale.

Documents manquants (pages, cahiers...)
NF Z 43-120-13

9 782012 834910